FRAGMENTS

DE

Nancy, imprimerie de HINZELIN et C.°,
rue Saint-Dizier, 67.

FRAGMENTS

DE

VOYAGE.

De Rome à Naples,

EN VETTURINO.

Par Ch. MAIRE, avocat.

NANCY
1840.

De Rome à Naples,

EN VETTURINO.

(Episode et souvenir d'Italie.)

———

Le six novembre dernier (1) nous partîmes de Rome en vetturino....Qu'est-ce qu'un vetturino ? est-ce qu'il n'y a pas de diligences sur cette route ? —Cette question, qui m'est probablement adressée par un lecteur curieux de s'instruire ou qui désire faire aussi ce voyage, demande que j'y réponde un mot : — Prenez patience : — Pardonnez-moi, monsieur, pour aller de Rome à Naples, et généralement sur

(1) J'écrivais ceci au moi de juillet 1839.

toutes les grandes routes d'Italie , il y a , sans compter l'allure asine , quatre moyens de voyager : la poste , la diligence , le vetturino , et les jambes , le plus ancien, le plus naturel des modes de transport , mais par cela même le moins usité , même par les amateurs du genre pittoresque — La poste est pour la petite maîtresse , le riche podagre , le voyageur de salon ou celui qui , connaissant déjà le pays qu'il parcourt, est pressé d'arriver à son but ; la diligence et il y en a peu, sert aux négociants et à peu près aux mêmes individus, avec la différence que cette catégorie est obligée de compter avec sa bourse. — Il reste le vetturino, autrement dit *voiturin*, pour tous ceux qui ne veulent pas employer un des moyens précé dents, et , sous un certain rapport, il sait concilier à la fois l'économie et l'agrément ; on va moins vite que la poste, incontestablement , mais on a le temps de causer , de flâner , de faire connaissance avec des gens du pays qui vous apprennent presque toujours quelque chose que vous ignoriez , et quand on sait bien prendre ses mesures et faire ses petites dispositions , que l'on a soin avant de partir , de se faire montrer les chevaux qui doivent vous conduire et d'examiner les ressorts de son véhicule ; on est à peu près sûr de faire un voyage assez prompt, sans inquiétudes et agréable , pour peu que vos compagnons de fortune veuillent s'y prêter.

Quiconque a mis le pied en Italie connaît le vetturino.: c'est une physionomie que l'on rapporte en France, tout comme celle de l'*aquajolo* de Naples ou du *custode* de galeries, et, à part quelques aristocraties qui croiraient déroger en employant ce modeste transport, tout le monde s'y résigne d'assez bonne grâce quand on n'est pas pressé et qu'on veut *voir*.

On a beaucoup médit du vetturino, homme et carosse, car sous ce nom on les désigne l'un et l'autre, de même que le mot *bottega* s'entend indifféremment de la boutique et du propriétaire de la boutique. La première fois que je fus en Italie, j'avais une idée effroyable du vetturino, il n'est pas de racontages odieux dont on ne m'ait rempli le cerveau à son propos. Vous savez bien, défunt le coche de Vic à Nancy, qui partait à la pointe du jour pour arriver avant la fermeture des portes — j'avais horreur de ce coche, fi! quelle vilaine institution! — Eh bien!. me disait-on, ce n'était qu'un perfectionnement du vetturino : celui-ci peut aller de pair, pour la marche, avec le char des triomphateurs Romains ou les équipages de nos rois de la première race, il vous mène invariablement au tour de la roue, le soleil durant, pendant que la poussière et la chaleur vous étouffent, et lorsque le soir vous arrivez vivant, après avoir souffert tout le jour cette espèce d'enterrement, vous reconnaissez que vous avez fait six lieues ou sept si vous avez eu soin de promettre la *buona mano* à votre conducteur..... Mais heureusement tous ces rapports n'étaient pas vrais ou, pour le moins, fort exagérés : le vetturino trotte généralement, fait jusqu'à 15 à 20 lieues par jour et exécute vraiment des prodiges avec les maigres haridelles qu'il appelle ses chevaux. La voiture est ordinairement un vieux carrosse qui finit sa carrière ; comme elle ne se met en marche que chargée de voyageurs, elle a dans l'allure quelque chose de grave et d'imposant comme la famille : on y est à l'aise, ce qui signifie qu'on n'y entre que six, elle a un coupé, une bâche et de nombreuses poches. — Je sais qu'il n'en est pas toujours ainsi, parfois les chevaux tombent, les roues quittent leur essieu ou les ressorts cassent, ou bien les coffres laissent partir ce qu'on leur confie ; enfin on éprouve tous les inconvénients d'un équipage mal monté : mais à cela je ne puis répondre autre chose, sinon que c'est avoir du malheur et manquer de chance, car à toutes choses il y a un fâcheux côté, et moi-même, qui ne me plains pas, j'en ai été plusieurs fois victime. — Il n'en est pas moins vrai que le vetturino est, pour l'Italie, une admirable institution, qui supplie à la pénurie des voitures publiques et offre à peu de frais et assez commodément un moyen toujours disponible de se rendre partout où l'on veut, car bien qu'il ait ses trajets habituels et de préférence dont il n'aime pas à s'éloigner, vous le trouverez cependant toujours prêt à partir pour tous les pays du monde, pourvu qu'on le paie et qu'on lui promette la *buona mano* à laquelle il tient excessivement.

Il y a dans les entreprises de vetturinage des chefs, des entremetteurs, des courtiers, c'est une vraie administration ; d'autres sont à leur compte personnel. Lorsqu'on fait l'accord avec l'un d'eux, c'est lui qui vous donne des arrhes pour garantie de son service et de votre promesse ; il vous engage en quelque sorte et dès ce moment vous lui appartenez, de sorte que si un confrère a besoin d'un voyageur pour compléter son chargement ; il vous négocie à lui, — celui-ci, s'il trouve un bénéfice à faire, vous cédera peut-être à un autre, et quelquefois après avoir été ainsi, sans le savoir, l'objet de trois ou quatre spéculations successives, on part avec un vetturino que l'on n'a jamais vu. On a fait son arrangement avec lui de façon qu'il se charge des frais d'hébergement et de table, on sait ce que c'est qu'un dîner de vetturino, il a un menu fixe. Quant aux gîtes, il met en quelque sorte son orgueil à choisir les meilleurs, hormis dans les grandes villes où il descend au deuxième ordre, parcequ'alors il a généralement déposé ses voyageurs. De cette manière on n'a donc à s'inquiéter en rien des négociations d'hôtelleries, votre homme s'en charge, c'est une espèce d'agent d'affaires, et, attendu les remises qu'on lui fait, il y trouve son compte et les voyageurs aussi.

Le vetturino aime à se rafraîchir mais il n'est pa

ivrogne : hors de ses fonctions il est assez désœuvré, et établit domicile aux carrefours des rues : quand il arrive au lieu de sa destination, son premier soin est de courir au cireur de bottes, ensuite il se fait raser et revêt ses beaux habits pour aller en bonne fortune dépenser le produit de la *buona mano*. Il a dans le caractère des mouvements très drôles : ainsi, après avoir eu des discussions à se couper la gorge, au moment du paiement, une fois que tout était fini et qu'il voyait que ses cris ne lui vaudraient plus rien, il prenait un air riant et nous baisait à tous la main, malgré nos efforts pour l'en empêcher. Il se fâche rapidement et s'apaise de même, il est rare de n'avoir pas dans un voyage, cinq à six disputes avec lui, mais il faut tenir tête et ne pas être dupe de ses clameurs : une fois bien compris, c'est un être très facile à manier.

Un sujet sur lequel il n'aime pas qu'on le plaisante, ce sont ses chevaux, c'est sa gloire à lui, que ses quadrupèdes, — jamais il ne conviendra de leur mauvaise qualité ou de leurs vices, quoiqu'il arrive, j'en ai été vingt fois témoin. Supposez, par exemple, que malgré les stimulants d'usage, les pauvres bêtes ne peuvent plus aller qu'un pas langoureux, le conducteur, n'y pouvant que faire, a pris le parti de siffler un air. — « Ma vetturino, vos chevaux n'ont donc pas mangé ce matin, nous n'arriverons jamais aujourd'hui. — « *Oh ! signor,*

Vanno troppo bene ! — et à l'instant vient une dé-
charge épouvantable de coups de fouet, la victime
fait un effort pour prendre le trot, elle tombe. —
« Mais vous voyez bien, vetturino, que celui-ci ne
» peut plus avancer, et vous ne faites que l'assom-
» mer tout-à-fait. » — *Ah ! excellenza*, et en prononçant ces mots son regard s'anime d'une indicible
inspiration, *che buoni cavalli !*

A cela il n'y a rien à répliquer.

Lorsque le voyage doit durer plusieurs jours ou
que l'on est seul, il est prudent et d'usage de faire ses
conditions par écrit, et de ne jamais trop payer d'a-
vance, car, au demeurant, malgré ses bonnes qua-
lités, le vetturino, mais surtout celui de *long cours*,
est une race sans foi ni loi, n'ayant de respect que
pour la madone et fort peu pour la bourse des
étrangers, cherchant à faire son profit par tous
les moyens possibles, la fraude, l'artifice,
le mensonge, et par dessus tout les promesses,
c'est par caractère le plus grand prometteur du
monde. Combien de tours joués aux voyageurs ne
m'a-t-on pas racontés ! Anecdotes, physionomies,
mœurs, scènes, aventures de brigands, dans l'histoire
du vetturino, cela suffirait à faire des volumes, or ce
n'est pas mon intention en écrivant ceci, et je re-
prend mon récit où j'en étais lorsque l'on m'a in-
terrompu. — Mais puisque je traite ce chapitre, je
vous dirai que nous avons l'habitude, en voyage, de

louer le vetturino pour nous seuls, faisant d'avance nos stipulations sur le temps, et les lieux où nous voulons séjourner : de cette façon nous voyageons avec la commodité et l'agrément d'une voiture a soi : le patron peut ensuite admettre, pour compléter les places, tels ou tels voyageurs qu'il rencontre, et cette clause, tout en diminuant le prix, nous procure souvent des causeries intéressantes et instructives. Mais pour aller de Rome à Naples, c'était la première fois que nous n'avions pas suivi ce plan, et en montant en voiture, sur la *Piazza di Spagna*, nous trouvons déjà l'intérieur occupé par un vieux monsieur, avec sa femme et sa fille : un de nous y monte, deux autres prennent le coupé et un jeune homme en blouse et en chapeau de paille, saute sur le devant, à côté du conducteur, ce qu'on appellerait à Paris : en *lapin*. Le froid était piquant, chacun s'enveloppe de son manteau ; à peine avons-nous le temps d'échanger les premiers saluts de civilité, on part.

Nous sortons par la porte San-Giovanni, en suivant la *nuova via Appia*: les murs s'éloignent, voici à droite le tombeau de Cecilia Metella, à gauche l'immense aqueduc de l'acqua Claudia dont les arcades empilées s'étendent à perte de vue, et déjà nous sommes au milieu du désert, dans la plaine aride et abandonnée où le bruit du pavé de la route, ne trouve pas d'écho. Sur son sol de tuf se dressent

ça et là des ruines, la plupart inexpliquées, et pendant cinq lieues on ne rencontre que la maison de
poste, *Torre di mezza via*.

Enfin on touche aux montagnes bleues d'Albano,
là renaît la verdure et la vie, là se fait la plus belle
villeggiatura et la belle nature y double de prix.
Pendant une montée de 2 milles qui suit une vieille
coulée de lave, on peut d'un côté voir la mer, de
l'autre les maisons blanches de Castel Gandolfo,
séjour aimé de Ganganelli, et le château des papes
qui se penchent sur le lac d'Albano et couronnent
en relief ce dôme de verdure. Sauter à bas de voiture
et gravir au sommet fut l'affaire d'un instant. Le lac,
a son niveau, à environ 500 pieds de profondeur,
dans un vaste entonnoir oblong dont les flancs sont
tapissés de gazon et d'arbustes : c'est là le cratère
éteint d'un volcan qui n'est plus que pour la science,
vieux souvenir de destruction aujourd'hui enseveli
sous une robe verdoyante ; aux époques antedi-
luviennes il a dû être la terreur des campagnes de
Rome, et c'est maintenant lui, à son tour, qui con-
sole par sa présence la ville du désert et les ruines
attristées de l'empire romain. J'avais déjà fait mes
adieux à la ville Pontificale, je ne m'attendais pas
au tableau qui s'offrit à moi, lorsque du bord de ce
lac, je portai mes regards en arrière : une scène
nouvelle se découvrait, c'était tout ce que je venais
de quitter, Rome et ses mille monuments, c'était

la campagne désolée qui l'entoure comme une ceinture rougeâtre semée de ruines, c'était aux pieds égayés de l'Albano, des terres incultes et fiévreuses qui se glissaient à 2 ou 3 milles delà, sous les vagues argentées du rivage, pendant que la mer reflétait les rayons blanchis du soleil à travers une brume éclatante qui voilait à moitié les contours d'Ostie et la chute des collines du Janicule. Je ne sais quelle impression aurait faite sur moi Rome, si c'eût été ainsi qu'elle m'eût apparu pour la première fois : sans doute, j'aurais demandé : « Quelle est cette » oasis de monuments que l'on voit là bas dans la » plaine ? — Et l'on m'aurait répondu : « Cette » oasis brillante c'est Rome » — Alors qu'aurai-je pensé !... — Mais après avoir été enivré de ses splendeurs, l'âme encore émue de ses grands souvenirs, en la voyant ainsi de loin, emprisonnée dans le désert qui commence à ses portes, n'offrant plus à l'œil que des points blancs et comme des constructions éparses, rien de régulier ni de distinct que la tache noirâtre du colysée et le dôme de Saint-Pierre, le passé m'apparaissait comme une vision : il me semblait assister aux premiers temps de Rome, à la formation de la ville nouvelle, au milieu des solitudes qu'habitaient les pasteurs et les proscrits, Rome élevant déjà des temples au milieu de ses cabanes de bois; Rome grandissant pour la conquête du monde... Hélas ! déjà de tout cet avenir promis, je ne contemple plus que des ruines, ces solitudes ont été civilisées, elles ont respiré le luxe et germé la fécondité, aucun lieu sur la terre n'a eu plus de gloire ou de magnificence, et aujourd'hui ses brillantes destinées s'achèvent, le désert est déjà revenu et menace de l'envahir, — et si le temps est marqué où Rome l'éternelle doit s'éteindre et disparaître tout-à-fait, le Latium reparaîtra comme aux premiers âges, il n'y aura plus de tant de grandeurs qu'un souvenir qu'on viendra péniblement méditer dans des décombres et sur des collines nivelées, comme on va visiter Carthage, Palmyre, Babylone, les villes des Thébaïdes : il semble que la civilisation a épuisé le sol autour des grandes cités, tout s'éloigne des lieux où elles ont été, et la solitude devient la punition de leur orgueil.

Tous ces pensers se mêlaient involontairement aux derniers adieux que je faisais à la ville de Romulus, et le monde d'émotions qu'ils soulevaient en moi auraient pu les prolonger fort longtemps si je n'y avais coupé court en prenant, pour descendre à Albano, le chemin des bords du lac, le long des chataigniers et sous les berceaux de chênes verts. — Je fis toutefois en passant la remarque que, de près, Castel Gandolfo était un pauvre village et l'unique château de la papauté, un pauvre château.

Albano, ci-devant *Albanum Pompei* n'est rien moins que l'ancienne *Albe-la-longue*, nom qui

lui convient encore aujourd'hui en ce qu'elle est as-
surément beaucoup plus longue que large : quoique,
peu considérable, les hôtelleries y abondent, l'une
d'elles est un vrai palais de Villa, l'émule du café
Pedrocchi de Padoue. On y voit des antiquités respectables telles que les restes d'un amphithéâtre, les
conserves d'eau de Domitien, le fameux émissaire
du lac avec des arcades à ogives, le tombeau des
Horaces et des Curiaces, etc., mais je vous en fais
grâce, les antiquités sont, comme les musées, la partie laborieuse du voyageur, une œuvre de conscience,
mais leur étude, fort intéressante à faire sur place,
est très ennuyeuse en description et plus encore en
catalogue : d'ailleurs on éprouve parfois des décep-
ceptions qu'il est vraiment affligeant de publier,
exemple :

Dans un champ, en dehors de la ville, est une espèce de pilastre creux en pépérine, lardé de pierres
de travertin, légèrement amoindri au sommet, haut
de 30 à 40 pieds, c'est le *tombeau d'Ascagne*. Vrai
ou faux, le nom seul du fondateur d'Albe suffisait
pour électriser mon imagination ; j'y dirige donc
mes pas, plein de foi (1) dans la sainteté du monu-

(1) *Nota*. Il y a tant de peut-être, en fait d'antiquités
que quiconque veut agir philosophiquement doit s'habituer
à ne pas douter des inscriptions, avant d'être en état de les
pouvoir sûrement rectifier : c'est ce qu'on appelle la *foi de
l'antiquaire* et c'est le sytème que j'ai adopté, autrement je
courrais risque de ne pas croire à la moitié des ruines que je
rencontre : —

ment : au moment où j'approche j'entends sortir de la cavité qui est à sa base un gémissement sourd et lámentable: « Dieu! n'est-ce pas une illusion, n'ai-je «pas ouï l'ombre plaintive d'Ascagne! sans doute elle « souffre de l'isolement qui l'entoure et gémit de voir « les destinées immortelles de sa race toucher à leur «fin: ô Ascagne, pardonne au profane ! » — En prononçant ces mots j'avance la tête dans l'ouverture et je vois... Un jeune porc qui, le nez en l'air, était à moitié enfoui dans un bourbier noir et infect où il avait l'air de se plaire le mieux du monde, et d'engraisser comme un bourgmestre (probablement par absorption) — Désormais quand on me montrera un monument révéré , un tombeau séculaire, j'aurai soin de faire mes réflexions poétiques à distance avant d'interroger l'âme des héros.

Quelques heures passées à Albano avaient suffi à notre curiosité. En suivant les détours de la route qui ondoie, au milieu d'un clair petit bois, nous voici à *Laricia*, triste bourg environné des grands souvenirs de Lavinie et d'Ardée, et perché au sommet d'une montagne comme une ville étrusque.

Quelqu'un m'avait dit à Rome : « quand on passe « à Laricia, on frissonne d'horreur en voyant écrit sur « tous les murs : *viva il sangue*. Cette devise san- « glante, ajoutait-on, vous donnera l'idée du caractère « féroce de cette race d'assassins. » — J'étais aussi du même avis— or, en passant je vis en effet, écrits au-dessus de chaque porte , ces mots : *viva il sangue* , mais au dessous on lisait le monogramme *di J-C* ; cette remarque changea complétement les idées sanguinaires que je m'étais faites sur cette pauvre population ; c'était simplement la légende des Passionnistes dont la maison est, je crois, à Monte-Cavi. Celui qui m'avait conté cette histoire était un littérateur , cette particularité l'avait vivement frappé, il est donc très possible qu'il l'imprime quelque part. Eh bien , me disais-je , voilà cependant comment on fait d'abominables bévues — parcequ'on a la vue basse !

Ce disant , je portai vivement la main à mon nez pour y chercher mes lunettes et je les y affermis solidement ; puis je m'assurai bien que ce que je prenais pour la mer n'était pas un nuage , et satisfait , au moins sur ce point , de n'avoir pas à me reprocher une méprise semblable à celle dont je venais de rire , j'arrive , ou plutôt, nous arrivons à *Genzano,* construit en éventail et dont le plus grand mérite est d'être près du joli lac de Némi : puis *Velletri* avec sa tour-campanile et , dit-on , ses belles femmes ; c'est à sa sortie que commence la région des marais Pontins dont on voit du haut de la descente, le large bandeau s'étendre devant soi.

Si l'on me demandait ici pourquoi je n'ai pas choisi pour aller à Naples , la route du Mont-Cassin , si pittoresque et si neuve de physionomie, je répondrais que la route des Pontins est la plus directe , la plus

antique , la plus célèbre , c'est la *via postale* et celle
où tout le monde passe , celle enfin dont le tableau
s'est mainte fois associé dans mon imagination aux
plus dramatiques épisodes de brigands , — et c'était
mon naïf et premier voyage de Naples. — On nous
avait promis pour le lendemain la belle scène des marais : en attendant , nous prenons notre gîte à *Cisterne* , probablement l'ancienne Tres Tabernœ, na-
guère triste et sauvage hameau où l'on avait établi
un poste de soldats , aujourd'hui village passable et
très rassurant.

Nous avions été rejoints par un autre vetturino
aussi peuplé que le nôtre et qui comptait voyager de
conserve avec nous. Aussi y eut-il encombrement à
l'hôtel, et une partie de la société fut logée dans une
succursale de la Poste.

Cette circonstance bien loin d'être fâcheuse, comme
on pourrait le croire , est presque toujours au con-
traire , entre gens bien portants, une source de gaîté
et d'aventures. En voyage on est pressé de se con-
naître , on se demande naïvement : « monsieur, qui
« êtes-vous ? que faites-vous ? je vais vous dire aussi
« qui je suis et nous causerons à l'aise. » Loin de ses
foyers , laissé seul et sans sujet de défiance, l'homme
éprouve un besoin d'épanchement, il va vite en liai-
sons , cette union est un vrai service dont on s'est ré
ciproquement reconnaissant, et c'est ce qui fait qu'en

quelques mois de voyages on sème souvent plus de
souvenirs qu'on n'en a laissé dans sa ville natale —
or nos nouveaux compagnons comprenaient à merveille cette nécessité et s'y prêtaient de même, chacun à sa manière. L'un d'eux me reconnut, « ah ! c'est
« vous, monsieur, qui faisiez hier tant de vacarme à
« l'ambassade de Naples : ce marquis de Forcelle est
« certainement un faquin, vous avez bien fait de l'ap-
« peler canaille, mais nous autres Romains nous n'au-
« rions pas osé. » — On fit table ronde ; c'était un mé-
lange bien extraordinaire de peuples et de profes-
sions : antiquaire, avocats, curés, médecins, jésuite, officiers de marine, appartenant à huit na-
tions différentes, représentaient là l'Ancien et le Nouveau Monde, momentanément réunis par le hasard,
faisant un souper tout de famille, fraternisant de con-
fidences et de jovialité, se donnant rendez-vous dans
tous les royaumes. Et ces braves gens je les ai tous
revus, ils m'ont mis à Naples en pays de connaissance, tous m'ont offert cordialement leurs services
et les marins m'ont invité à leur bord. — Maintenant,
dites-moi, si j'eusse pris la poste, voir même l'é-
goïste diligence, croyez-vous que j'aurais rencontré
pareille chose ? non bien certainement, et ceci vient
à l'appui de ce que je disais en commençant de l'influence du vetturino sur la civilisation et des petits
profits qu'on en retire.

Mais il manquait à ce repas, la famille dont je vous

ai parlé en montant en voiture : cette intéressante trilogie se restaurait dans ses appartements. Comme en voyage les allures doivent être franches et qu'il est de maxime de ne pas faire bande à part, cette réserve hors de saison nous prévint contre elle, d'autant plus que la présence des respectables ecclésiastiques eût permis à une nonne de s'asseoir à notre table ; mais cette conduite entrait dans des combinaisons que vous comprendrez mieux plus tard. Il faut maintenant que je vous dise un mot de ces trois personnages, car ce sont les physionomies les plus curieuses du voyage.

J'avais promptement appris qu'ils habitaient Paris, le père était électeur dans le département de l'Ardèche, il s'était fracturé les deux tibias et allait passer quelques mois sous le ciel de Naples, d'après l'avis des médecins.

Rencontrer un parisien flânant sur la route de Naples, donne toujours de lui une opinion distinguée: aussi nous n'hésitâmes pas, au premier abord, à lui trouver l'air d'un employé émérite d'un ministère quelconque ; puis certains points caractéristiques d'ignorance et des termes de banque nous portèrent à supposer que c'était plutôt un homme qui avait fait fortune à la bourse et s'était mis propriétaire-rentier en se retirant à moitié des affaires. — Mais bientôt, nouvelles conjectures : je les vis tirer de toutes les poches et même des trous de la voiture qu'ils avaient encombrés, des mille provisions de ménage, sacs de toile et sacs de papier, fioles de sirop, *pagnotte*, pastilles, cédrats, pain d'épice, sucreries de toutes sortes : la mère était l'agent de distribution : elle faisait dans toute cette collection un petit triage et chaque chose se mangeait par ordre, avec accompagnement de commentaires sérieux sur le mérite des sucreries de Milan et de Rome comparées à celle de Paris : cette scène se répétait à chaque demi-heure et toujours accompagnée de dissertations sur les bonbons de toutes les villes d'Italie. — La première fois on mangea et l'on ne m'offrit rien. Probablement, pensai-je, ils savent que je ne veux pas troubler mon déjeûner, c'est de leur part une preuve de sagacité parisienne. Mais à la deuxième séance et aux suivantes même oubli : je rougissais et m'étais mis à admirer la campagne pour que mes regards n'aient pas l'air de solliciter une politesse, mais je vis bientôt que j'avais grand tort d'être honteux car eux ne l'étaient pas du tout et ils croquaient leur sucre avec une bonne foi étonnante et sans arrière pensée, je vous assure, les yeux bien ouverts et fixant les miens sans rougir. Oh ! alors je ne les pris plus que pour des infortunés privés du bienfait de l'éducation, des gens qui avaient fait leur fortune dans le détail et n'avaient fréquenté intimement que leur chez soi égoïste ; et finalement, lorsque nous les vîmes se séparer de la communion générale pour manger à part comme des ours retirés, nous décidâmes unanimement que nous leur retirions jusqu'au dernier degré de notre considération primitive, et examinant mieux le lendemain, la tête large et grisonnée du père , homme court et gros , ne possédant en littérature que les connaissances de gazette indispensables à tout bon électeur , les faits de la grande révolution et l'œnologie, s'étonnant comme d'un miracle que je ne connusse pas M. Fauré de Saint-Péray (1) — et la mère , figure sèche , parole demi-brève , au ton aigre , le porte culotte du ménage , ayant sur la tête, par un reste d'habitude probablement, le foulard noué à la cantinière et des manières analogues, — je fus et suis demeuré convaincu que , sous ce déguisement , nous avions affaire à un ex-marchand-débitant , et la mère , ainsi qu'en fit judicieusement la remarque le jeune homme en blouse , avait toute l'apparence d'avoir vendu le *trois-six* sur le comptoir. C'est donc désormais dans cette catégorie que nous les rangeâmes. Quant à la demoiselle , elle paraissait avoir reçu une éducation de pensionnat qui l'avait mise au dessus de la portée de ses parens pour qui elle était devenue un puits de science : ils s'enthousiasmaient de son enthousiasme, il leur semblait en voyant leur fille instruite de tant de choses que c'étaient eux qui lui avaient appris tout cela et leur orgueil augmentait leur affection. La petite qui avait une vingtaine d'années et déjà le tempéramment pâle

(1) Célèbre négociant en vins ,

des femmes de Paris, ne parlait pas mal Italien,
singeait le bas-bleu (1) et fumait un cigarre aussi élé-
gamment qu'un dandys, mais la pauvrette avait l'é-
norme défaut de causer sur tout et de juger *de om-
nibus*, ce qui la faisait tomber dans de profondes er-
reurs que le papa et la maman soutenaient *mordicus*,
car les pensées de leur fille étaient les leurs et d'ailleurs ils n'avaient que celles-là, si elle n'eût pas pensé
ils n'auraient pas pensé non plus. — La jeune fille
s'extasiait sur le Vésuve : — mais mademoiselle, at-
tendez que vous l'ayez vu, lui disais-je. — Elle
trouvait admirable et poétique le feuillage des oliviers : — mais mademoiselle c'est précisément le
feuillage le plus triste du monde — Elle plaçait les
marines de Gudin bien au dessus de celles de Salvator Rosa qui décorent si admirablement la première
salle du palais Pitti : oh ! mademoiselle, fis-je...
Je n'en pus dire d'avantage, ce blasphème méritait
une mystification. J'ouvre le vasistas du coupé
« Messieurs les artistes et toi surtout, Henry, est-ce
« que vraiment les Gudin de la dernière exposition va-
« lent mieux que Salvator de Pitti?—Quelle est la bête
« qui a dit cela! »s'écria brusquement mon illustre ami,
sans songer aux précautions oratoires.... ce mot fit
sur la famille l'effet d'une explosion, elle eut l'air de
ne pas avoir entendu, chercha des bonbons et m'offrit du sucre : c'est la première et seule fois que cela

(1) Blue-stocking,

leur arriva, encore était-ce après avoir refermé le cornet de papier. (1) Enfin , pour couronner l'œuvre, la demoiselle (dont j'ai oublié le nom, c'était comme Ophélia ou Angiola , enfin un nom bien poétique) Ophélia voulait monter au clair de Lune sur le Vésuve avec une rame de papier à musique à la main, pour y cueillir des inspirations ineffables ; elle avait décidé qu'en arrivant à Naples voici ce qu'on ferait : 1° prendre à la poste une dixaine de lettres (dont j'avais ouï faire l'histoire d'un bout à l'autre , ils paraissaient avoir intéressé tout Paris à leur expédition.) 2° Louer un piano pour elle. 3° Chercher un logement.— Mais mademoiselle , fis-je, pour loger le piano il faut déjà avoir le logement , si vous commenciez par là ?..... Monsieur a raison , ma bonne , dit le père , nous chercherons après ton piano une fois le logement trouvé , je te le promets. — Oh ! mais papa..... ce n'était pas fini , mais le papa insista , c'était la première et seule idée à lui que je lui vis , il tenait peut-être à montrer à sa fille qu'il en avait d'autres que les siennes.

Voilà la famille avec laquelle nous co-voyagions et que sa mauvaise étoile avait jetée entre nos griffes. Chacun tour-à-tour avait la pénitence de lui tenir compagnie : sur le devant de la voiture on riait

(1) J'attribue cette politesse évidemment au grand trouble où ils étaient , qui ne leur permettait pas de savoir ce qu'ils faisaient.

fort , le survenant racontait ce qui s'était passé dans l'intérieur , si bien que notre gaîté , soupçonnant bien qu'ils en étaient parfois l'objet, finit par les vexer jusqu'aux nerfs. Mais nous en étions peu émus, leur stupidité orgueilleuse et égoïste nous avait rendus impitoyables, et d'après un rapprochement ingénieux que fit notre ami l'inconnu, nous ne désignâmes plus le groupe outre cuidant que sous le nom de *la Famille Cacao* (1) que nous lui avons toujours conservé depuis.

Cet excellent jeune, homme qui avait si bien *chiqué* l'épithète, avait une figure douce , et la physionomie pleine d'affabilité, mais quand il ôtait son chapeau, son front chauve déja, quoique jeune, donnait à son visage un air fatigué et méditatif : malgré le grand calme de ses paroles il était très gai, s'était beaucoup occupé de littérature à Paris , et racontait nombre d'anecdotes inédites sur les mœurs et les aventures des célébrités littéraires et théâtrales , et depuis le salon de Mme Dorval , jusqu'aux scènes conjugales de Mme Poutret de Mauchamp , rien ne fut oublié dans la conversation qu'il entremêlait de temps en temps de quelques joyeux couplets de Mme Gibou et de Mme Pochet; sa compagnie nous fut donc très agréable et nous le lui fîmes bien voir, car depuis nous sommes devenus amis.

(1) On sait que maintenant l'expression *rococo* a vieilli on commence à la remplacer par celle de *cacao*.

Le lendemain en montant en voiture, à quatre heures et demie, l'air était transparent, la nuit du matin fort calme, mais le froid, surtout au lever du soleil, devint extrêmement vif. Nous partions à cette heure pour éviter la chaleur du jour, car il fallait faire vingt-cinq milles sans s'arrêter : jusque Terracine on ne rencontre plus de village. »

Lorsqu'on a lu attentivement ce qu'écrivait en 1820 lady Morgan, on n'ose, sous peine d'expirer, s'arrêter dix minutes dans les Pontins, et quand on lit Richard, le Hand-Book des Français, comme le faisait avec pompe la famille Cacao, on arme ses pistolets, le cœur se serre et l'horreur vous donne la crampe tout le long de la route. Mais pour peu que l'on veuille mettre le guide dans sa poche et la tête à la portière, on reconnaît qu'il n'y a pas tant à s'effrayer : la plaine est sans monticules, son aspect est monotone, les marais ne sont plus guère sensibles que par les canaux qui bordent la route et de mauvais pâturages jonceux où paissent des troupes de chevaux, de vaches et de buffles, mais pas de *visages hostiles au teint hâve*, pas de *souffle fièvreux* sensible, pas de *bordures d'aloès* surtout, et plus de postes militaires ; si nous rencontrâmes quelques piétons, c'étaient des gens qui, comme nous, étaient pâles de froid et passaient, l'air bien inoffensif, à côté du chemin.

(1) Le mille Romain équivaut à 1489 m le m. Napolitain à 1865 m 69, et le m. Toscan à 1607 m, 955.

C'est que vingt années ont bien changé la physionomie de tout ce pays.

Autrefois il y avait , dit-on , 25 villes dans les marais Pontins , mais c'est une si vieille tradition que
Pline, déjà ancien , le rapporte d'après un auteur
lui-même fort ancien. Ce fait peut paraître d'autant
plus douteux que la mer s'étant depuis retirée des
anciens rivages , la contrée n'a pu que s'assainir, et
il est plutôt probable que ces villes occupaient le re-
vers de la montagne. Au temps d'Horace , il existait
un grand canal sur lequel on s'embarquait de Rome
pour aller à Misène , en voyageant pendant la fraîcheur des nuits : mais tout cela était tombé , perdu,
oublié , lorsqu'en 1777 Pie VI , le *papa seccatore*
comme l'appelaient ironiquement les Romains, releva
l'ancienne voie Appia , cette *regina viarum* , abandonnée en 1580 , et fit faire la route droite , élevée
en chaussée et bordée à perte de vue d'une double ran-
gée d'ormes,comme une avenue de château ou de pro-
menade publique , peut-être unique en son genre et
bien extraordinaire en un pareil endroit; elle traverse
toute la longueur des marais et on l'appelle de son
nom , la *linea Pia*. L'administration française y fit
exécuter ensuite de grands travaux d'assainissement,
et ces marais sont aujourd'hui à peu près aussi bien
desséchés que le permet leur peu d'élévation au dessus du niveau de la mer , il n'y a que de grands éta-
blissements et de la culture qui pourraient leur ren-

dre la prétendue habitabilité dont ils jouissaient aux temps anciens. — Le grand canal de Rome à Misène a été rouvert et toute la plaine est coupée transversalement de canaux de dessèchement ; on cultive quelques champs de maïs, mais les roseaux et les plantes aquatiques absorbent toute la végétation du sol.

Quant aux miasmes fiévreux qui s'en exhalent et rendent insalubre l'air qu'on y respire, pernicieux de longs séjours, je ne saurais nier ce fait, mais il n'y a, dans ce triste état, rien d'exceptionnel et qu'on ne rencontre sur presque toute la longueur du littoral occidental de l'Italie, depuis les plaines d'Eboli jusqu'aux rives de la Cecina.

C'est à la descente de Velletri, ainsi que je l'ai dit, que commence la région des Pontins ; les marais s'étendent à perte de vue ; c'est une plaine absolue qui paraît nue, inculte, de quatre à six lieues de large ; à droite, la mer est cachée par les végétations marécageuses et des bois clairsemés où l'on chasse le sanglier et le chevreuil : les parties du sol qu'on y a défrichées produisent, dit-on trente à quarante par un ; à gauche, on a près de soi la chaîne de l'Apennin, dont les contreforts escarpés et sauvages longent continuellement le large ruban de marais qu'on a devant soi : à mesure qu'on avance, Niufa, Sermonette, Basciano, Sezza (l'ancienne Suessa Pometia) et Piperno villages et bourgades très misérables, disent ceux qui les ont vues, se détachent en blanc sur les flancs noirs de la montagne, et au fond, le Monte Circello s'élève comme un rocher colossal au bord de la mer.

En quittant Cisterne on franchit la *torre d'Annibale*, puis on passe *I tre Ponti* : c'est là que commencent les canaux. Des maisons de poste, quelques màsures, des ponts, des corps de gardes ruinés, sont tout ce qu'on rencontre jusqu'à Terracine.

Depuis la soumission de Gasparoni (1826) il n'y a plus eu dans ces lieux de nouveaux brigandages, on dirait, à voir aujourd'hui l'imperturbable confiance avec laquelle on les parcourt, que le calme et la sécurité n'ont jamais cessé d'y régner.

Fra-diavolo d'Itri, Marco Sciarra *il re della campagna*, sont des noms presque oubliés, on a perdu le souvenir de la terrible bande des Iudependenti, et c'est à peine si l'on entend quelquefois en passant le refrain de la ballade de Pietro Mancino ou de Pepe Mastrillo, le bandit de Cisterne. En définitive il faut reconnaître que la chronique assassine s'en va, on a gâté les marais Pontins pour ceux qui allaient y chercher des scènes dramatiques et de la poésie locale : ce n'est plus qu'une route bourgeoise et prosaïque où l'on en est pour ses frais d'émotion.

Terracine est encore un de ces noms qui font frémir : l'*Auberge de Terracine* a eu longtemps le monopole des scènes d'assassinats : aujourd'hui il est remplacé par un hôtel très confortable, où du moins l'on est volé sous des formes polies. En ce lieu, la chaîne de l'Apennin forme un cap, espèce de Thermopyles que l'on franchit entre la mer et les rochers à pic suspendus sur le chemin, c'est la limite naturelle et la dernière ville des états romains, précisément à moitié chemin de Naples ; là finit aussi le règne de la chataigne : on change sa monnaie et l'on compte par milles napolitains.

Il n'y a sur le bord de la route qu'un chapelet de bâtiments, la ville est sur les flancs d'une montagne pointue au sommet de laquelle on voit un massif quadrangulaire d'arcades voûtées qui formaient le soubassement d'un palais que Théodoric y avait fait élever, choisissant ce lieu de préférence à cause de *l'excellence de l'air* ; ce n'est pas une plaisanterie quoique je parle de Terracine : mais si je pouvais vous raconter la vue que l'on dévore de là haut vous ne me croiriez plus, ou plutôt, vous croiriez que c'était pour la vue et non pour l'air que Théodoric avait bâti son palais. Ce sont de ces coups-d'œil qui résument un pays et plusieurs jours de voyage : toutes les plages marécageuses que l'on vient de traverser sont là étendues sous vos pieds, avec leur face rougeâtre et chargées de quelques maquis ; au loin les îles Ponza, Ischia et son Epomée, Procida dont la tête rasée s'étend à fleur d'eau ; sous vos yeux le crochet du vieux port d'Antonin avec ses anneaux de pierre, et le Monce Circello, ancienne île jointe au continent par les attérissements du rivage , où de nombreux *majali* perpétuent encore aujourd'hui la descendance des compagnons d'Ulysse et le souvenir des enchantements de Circé ; enfin, autour de vous, des crètes de montagnes , des rochers brillants qui rappellent l'

   Appositum saxis latè candentibus Anxur ,
et une foule de choses que je ne vous dis pas parceque rien n'impatiente , je le sais , comme la description d'un paysage qu'on ne peut pas voir.

Je fais savoir aux archéologues qui passeront par-là que Terracine se recommande à eux.

Au moment de partir on entend pousser des cris de détresse : on accourt et l'on reconnait l'ex débitant qui , peu au fait des allures du rivage , s'était trop avancé et avait laissé entrer une vague dans ses po-ches — Pendant qu'on le change de linge nous prenons les devants.

A un mille est la *Torre de' Confini* et la Portella où l'on entre solennellement dans les états Napolitains. Au moment où j'arrivais , le chef du poste battait cruellement le conducteur d'un vetturino. On me dit qu'il s'était refusé de conduire à Naples un employé de la douane qu'on voulait qu'il prît gratis, quoiqu'il fut déjà très chargé — Mais on ne peut pas y forcer cet homme , m'écriai-je — Oh ! que si , excellenza, et vous verrez qu'après avoir été bien battu , il sera encore obligé de prendre le *doganiere* pour rien. — Bon, pensai-je , je débute par une scene de mœurs.

Les ruines de tombeaux, de fontaines, de théâtres bordent la route qui longe, d'un côté, les escarpemens de la montagne, de l'autre, le grand étang de Fondi fameux par ses anguilles, et dont les bords incultes sont couverts de myrtes, l'arbrisseau des maremmes.

A Fondi, la douane nous offre d'entrer en arrangement pour éviter la visite des effets ; nous en sommes quittes moyennant chacun deux *carlins* (1) que nous payons au bureau, en face de tout le monde, tant ce genre de concussion est pour eux naturel. — A quoi servent donc les douanes dans ce pays ? Eh ! mais, à faire vivre quelques milliers d'individus.

L'école de Saint-Thomas d'Aquin, Séjan sauvant la vie à Tibère, la fuite en chemise de la belle Julie de Gonzague que poursuivait Barberousse, la mort d'Esmenard, l'académicien érotique, sont des souvenirs qu'on cueille en traversant Fondi.

La route s'engage dans les montagnes et passe aux pieds du rocher d'Itri dont l'aspect est passablement original et sauvage, mais, par contraste, celui du paysage ne l'est pas du tout : il se fait de plus en plus joli, la vigne, le figuier, les myrtes, les lauriers, le caroubier marient leur feuillage, le chemin ondule, il y a une vallée, des ponts et même de l'eau qui murmure ; c'est une nouvelle nature qui s'annonce : les montagnes éloignent peu à

______

(1) Petite monnaie d'argent, valant environ 43 c.

3*

peu leur cime grisâtre , le cirque , à leurs pieds , s'émaille de la verdure de nos serres , et nous voilà à Mola di Gaëte : la voiture entre dans un jardin d'orangers et de cyprès , entouré de galeries..... C'est une villa , croyez-vous ? — Non, c'est l'auberge.

Voici enfin un nouveau pays , un nouveau ciel , une nouvelle région dont nous abordons les limites : cette Italie chaude, exaltée, au soleil oriental , à l'atmosphère lumineuse , à l'air embaumé , aux bosquets de citronniers , cette Italie inspirée que nous n'avions encore trouvée que par lambeaux , la voici qui se révèle , le cœur , fatigué de rêver , se gonfle de sang , les poumons se dilatent pour respirer la réalité , enfin !!! s'écria-t-on.

En ce moment le soleil couchant s'abaissait dans les flots : un cri parti de la terrasse et répété en chœur y attira tous les voyageurs comme à un spectacle inconnu pour eux : le golfe déployait jusqu'à la pointe de Gaëte toute la magie de ses bords semés d'habitations et de bosquets touffus, et la ligne du rivage brillait à quelques cent pas au dessus des berceaux d'orangers et de grenadiers. Les derniers rayons du jour colorant en rouge sombre la masse du Vésuve et l'aiguille déchirée d'Ischia , les ombres du mâle , les barques rentrant au port et dessinant leur voiles blanches sur l'horizon en feu , les parfums balsamiques répandus dans l'air , la tiède haleine de la brise du soir , et la parole silencieuse de tant de magnificences , offraient une scène grande et suave qui se grave dans la mémoire et, de retour aux foyers, soulève parfois dans le cœur des souvenirs d'ivresse, des battements qui oppressent la poitrine comme ceux d'un rêve d'amour... ô mola di Gaëte !

Lorsque les sens sont ainsi aux prises avec la nature , l'intelligence sommeille ; mais quand le rêve est passé il lui faut un aliment , et cet aliment , elle le trouve encore en ces lieux. Quelle terre est plus fertile en pages historiques , en débris parlans d'antiquités ? Cicéron, à lui seul , pourrait défrayer dix curieux : notre albergo repose sur les bains du grand homme , nous avons vu son tombeau avant Mola , ou plutôt nous l'avons vu partout car toutes les ruines se disputent ce titre ; on ne voit plus que *casa* et *villa* de Cicéron , l'Italie en forrmille , et s'il eut possédé tout ce que lui donne la générosité italienne, il aurait été le plus grand propriétaire de son temps comme il en était le plus grand orateur. — Suivez le rivage, c'est Castellone, c'est Gaëte la ville des Lestrigons ; ici la tour du preux Roland, (1) là les côteaux de Formie; par ici les ruines d'un amphithéâtre, d'un temple, d'un théâtre, par là la fontaine Artachia près de laquelle Ulysse rencontra la fille d'Antiphates; sur cette plage Scipion et Lelius amu-

(1) Quoiqu'on lui donne ce nom , c'est en réalité un monument élevé à Munatius Plancus.

saient leurs loisirs ; voici la place où Popilius donna la mort à son illustre bienfaiteur, et où quinze siè-cles plus tard on portait la main sur Conradin, le dernier sang de la Souabe ; ce fort fut deux fois le dernier asile des Français dans leurs malheureuses conquêtes..... La conscience reproche de passer là sans s'arrêter.

Pourquoi donc ne pas employer la matinée du lendemain à parcourir avidement tous ces lieux célèbres ? courir au moins à Gaëte, puis partir ? — Ceci tient à une complication d'événements qui survint le soir.

Je vous ai dit que le vetturino n'était pas toujours d'une exacte bonne foi : voici un trait de *birbanteria* du mien que je vous raconte à l'appui.

Nous avions stipulé que nous irions à Naples en trois jours et demi, en désignant les lieux de séjour, et notre homme avait accédé à tout sans difficulté, *tutto come vogliono loro signorie — va benissimo —* Au littérateur il avait promis d'arriver en deux jours et demi, ce qui voulait dire à la fin du troisième, bien tard : c'était là réellement son intention et le temps que mettent communément tous les vetturini —avec la famille *Cacao* il avait fait aussi un pacte, et un pacte très volumineux : il leur avait d'abord fait accroire insidieusement, par des tiers, que la route était immensément longue et difficile, qu'on mettait quelquefois six à huit jours avant d'arriver, puis il était venu , lui , leur promettre cependant de les y conduire avec ses vaillantes bêtes , en trois jours et demi , ce qui avait émerveillé l'ex-débitant. Il y avait dans cette façon d'agir triple combinaison , 1.° En allongeant la route il obtenait un prix plus élevé. 2.° En exagérant le temps du voyage , il exagérait aussi les dépenses de lit et de table qu'il devait fournir , et , arrivant un jour plutôt , il gagnait d'abord ce qu'il aurait dû débourser ; puis 3.° se faisait à leurs yeux un mérite de son service actif et de sa marche forcée, pour obtenir une double buona mano. Tout cela était combiné à merveille , un vieux général n'aurait pas mieux dressé un plan.

Il pensait que tout le monde serait très satisfait de gagner un jour , et, en tout cas , il s'inquiétait fort peu de vexer la moitié de son équipage et de manquer à ses stipulations, c'est de cela que ces gens se soucient le moins , sachant bien qu'ils forceront leur proie à se résigner au régime invariable du voyage. — « Vous, monsieur , vous voulez arriver en deux jours ? — C'est très bien — vous en trois jours ? — Encore mieux — et vous en quatre jours ? — à merveille , cela cadre parfaitement avec les désirs des autres voyageurs. »

Là dessus il embarque son monde , ferme la portière et fouette ses chevaux ; une fois en route , se dit-il , cela se débrouillera comme cela pourra , il faudra bien qu'ils s'arrangent entr'eux , ce n'est pas mon affaire.

Or Andrea Cioni (c'était le nom du *birbante*) ayant manifesté son intention de partir matin pour arriver à Naples le soir , grande réjouissance , enthousiasme de la part des *Cacao* ! mais à leur grand étonnement , nous nous refusons positivement à ce projet. Andrea nie l'écrit qu'il a signé , nie tout , s'emporte , la dispute s'échauffe , on tire ses couteaux.

Habitués à ces comédies et ne voulant pas plier devant un vetturino, nous avons recours à la police. Je rencontre précisément le commissaire au moment où il réintégrait son domicile, avec son fallot et son agent : je glisse un carlino dans la patte crochue de celui-ci , et au bout d'une heure d'explications, le commissaire voyant que nous étions inébranlables et qu'il n'y avait pas moyen de faire déni de justice , fit signer à Andréa un acte que nous dictâmes et que nous pouvions faire exécuter contre lui en cas de la moindre difficulté.

Voilà l'avantage d'une justice prompte. Mais désormais nous battîmes de plus en plus froid aux *cacao* qui étaient profondément vexés de l'obstination que nous avions mise à leur rendre un mauvais service et à imposer notre volonté de maîtres , quoiqu'ils eussent les premiers loué la voiture et dressé quatre pages in-quarto de clauses toutes plus minutieuses les unes que les autres : il fallait par exemple, avoir du lait chaud tous les matins, remettre un carreau fêlé à la portière, adopter un supplément au marchepied pour la commodité du père, être servis séparément, avoir chambres contiguës, parler avec douceur et politesse, s'arrêter pour les besoins indispensables, etc., etc., toutes conditions que ratifia avec empressement le vetturino chargé du recrutement, car on ne remit ni carreau, ni marchepied, l'ex-débitant fut même obligé de faire chambre à deux à l'auberge pleine de Cisterne : quant au lait, on se levait trop matin pour pouvoir s'en procurer ; Andrea savait bien qu'il en serait ainsi, aussi passait-il plus facilement sur tout ce qu'on exigeait de lui, — toutefois cette bonne volonté avait séduit les pauvres gens, qui n'affirmaient rien que par lui, l'appelaient à tout moment en consultation et ne cessèrent de l'accabler de leur affection pour le consoler des persécutions qu'il éprouvait.

Eh bien, est-ce qu'on ne se met pas à table, s'écria-t-on, quand tout fut terminé ? — Adopté à l'unanimité ! — Messieurs, dit Vaultrin, nous nous quittons demain, buvons à notre séparation ! — Je vous invite sur la corvette, cria le capitaine ! — Rendez-vous général sur la corvette ! — Messieurs, c'est du Formie — Vive le Formie !!!

Vers neuf heures du matin nous tombâmes, sur les bords du Garigliano, entre les mains d'une deuxième ligne de douane aussi accomodante que la première : c'est près de là que sont les ruines de Minturnes. Un petit pont en fer , jusqu'alors le seul de ce genre dans le royaume, est suspendu sur le fleuve, l'ancien et poétique Liris, dont les eaux vertes et tranquilles font mille sinuosités dans les prairies : charmante plaine, d'une haute fertilité, entourée circulairement de montagnes et dont une magnifique journée rehaussait encore l'éclat (1).

A midi nous déjeûnions à la maison de poste isolée de Sainte-Agathe , proche des côteaux de Falerne : à côté du chemin s'élève, sur la colline , la ville de Sessa , sorte de grand village allongé , où tout est nouveau , costumes , physionomies , ustensiles et même comestibles ; au milieu de la foule , de la misère, des cris et de la saleté, il y avait foire. — « Voilà qui donne en petit l'idée de Naples , me dit le littérateur » — et il disait parfaitement vrai , c'est un petit modèle jeté en avant pour avertir le voyageur.

La terre est d'une exhubérante vigueur, le sol noirâtre semble vomir la végétation qui bout dans ses entrailles : à défaut de sites ce serait là une curiosité suffisante pour intéresser le voyageur.

Lorsque vint le déclin du jour, une longue allée de plusieurs milles nous conduisait à Capoue: à droite, on avait sur la vallée de grandes vues simples et peu char-

(1) C'est là, sur ces rives dont la fraîcheur est devenue proverbiale, que sous l'ombrage des aulnes, Cicéron et Atticus aimaient à venir ensemble causer philosophie, c'est là que l'illustre orateur écrivait son traité des Lois.

gées de détails , chaudes et calmes à la fois ; de su-
perbes oliviers couvraient cette plaine, et le soleil se
couchait dans un paysage plus délicat et plus ver-
doyant qui décorait le fond du tableau ; nos bêtes
chevalines , exténuées de fatigue , n'avançaient plus
que lentement malgré la manœuvre du fouet , rien
ne nous arrachait au plaisir si doux de la contempla_
tion. — « Que le jour mourant est beau ! comme
l'imagination délire avec bonheur ! » murmura la
jeune Basbleu en passant sur son front apâli sa main
qu'elle retira de la main maternelle , et en faisant
de petits yeux de chinois pour imiter l'extase. A ces
mots le vieux débitant voulant montrer que les beau
tés sublimes de la nature avaient aussi un écho dans
son âme, s'écria : « Oh ! c'est admirable , on croi-
rait voir une belle *ommelette* ! » Ophélia fit un petit
cri d'horreur et minauda son papa , mais moi je
trouvai l'idée très neuve , et d'autant plus méritoire
que je connais plus d'un homme de génie à qui elle
n'est jamais venue.

La moderne Capoue n'a rien de commun avec
l'ancienne que le nom : celle-ci est à deux milles , et
n'offre aux yeux qu'un amphithéâtre et quelques mor-
ceaux d'antiquités déblayés du sol qui recouvrait en·
tièrement ses ruines, et qui longtemps avait fait per
dre la trace du lieu où elle avait existé. On a de la
peine à se faire aujourd'hui à l'idée d'une destruction
aussi complète et d'une semblable *intombation* de

monuments. — Maintenant comme on ne compte plus sur ses délices pour arrêter les ennemis du roi , on a qcru plus sage d'y pourvoir par de bonnes murailles à la Vauban, et une forte garnison : les voyageurs ne prennent même pas la peine de s'enquérir de ses curiosités.

Mais moi , j'ai un ami qui , par un caprice de vieille date , ne désire rien tant au monde que voir deux villes , Palerme et Capoue ; c'est , chez lui , une idée qui le poursuit , et en partant il m'avait bien recommandé de lui décrire l'état des délices de Capoue. —Pendant les préparatifs du souper, je me mets donc à faire une petite exploration aux reverbères : il me semble voir de sales boutiques , des rues alignées mais misérables , sombres ; on faisait la vente aux flambeaux , et en passant , j'entrevois dans un petit réduit d'épicerie , le spectacle pittoresque d'un curé , d'un soldat , de l'épicier et du voisin, qui jouaient ensemble aux cartes sur un sac de *Lupini*. C'était à désespérer de ma commission. Ah!mais les femmes , pensai-je , peut-être que... et sur ce j'avise un sergent d'artillerie qui , comme chacun sait , dans tous les pays est un profond connaisseur. A ma question si le beau sexe était beau , il répondit par une grimace si expressive que je compris tout de suite qu'il devait être superbe. — Allons , me dis-je, voilà au moins une grimace ue je mettrai dans mon rapport , et je revins à *l'al-*

bergo del bello sguardo dont l'hôtesse était de Vevay, avait parcouru la France, et fini par épouser un Capouan. — Sauf une superbe volaille que j'avais entrevue à l'office et qui disparut de notre table, nous eûmes un souper excellent, arrosé de pétillant vin d'*Asprino*, le tout assaisonné d'une scène qui nous divertit beaucoup : C'était un improvisateur. Nous qui venions de visiter la tombe à peine fermée de Sgricci, la venue du collégue nous intéressa vivement. Il était aveugle, ce qui jetait sur lui un reflet *homérique*. — Il nous demanda sur quoi nous voulions qu'il improvisât — *a vostra guisa , signor improvvisatore, secondo l'inspirazione* — et je pensais involontairement à l'improvisateur dont parle H. Berlioz, dans son charmant article sur la musique en Italie, lorsque notre petit homme ayant accordé sa guitare , prend un maintien décidé, relève hardiment la tête et roucoule, chevrote pendant dix minutes ce qui suit :

« *Signori Francesi o Inglesi, buon appetit e tranquillità — e semprè felicità.*

Voilà toute l'improvisation qu'il nous fit, et quand il eut l'air épuisé , il s'arrêta, fit un salut, accorda de nouveau son instrument et nous demanda si nous voulions qu'il improvisât autre chose. Nous le lui permettons pour éprouver si sa verve poétique s'épanouirait enfin, nous lui laissons encore le choix du sujet , et comme on lui avait soufflé à l'oreille que nous étions Français et pas Anglais , il commença ainsi :

« *Signori Francesi* (il appuya fortement sur ce mot) *illustrissimi Francesi , buon appetit e tranquillità , signori Francesi , Francesi , Francesi , e semprè felicità.* »

Il nous répéta ce thème pendant encore dix autres minutes et il allait accorder sa guitare et nous demander probablement de lui proposer un nouveau sujet d'improvisation, quand l'idée me vint de faire partager à la famille *Cacao* les délices de l'*Improvvisatura* , non seulement à cause des prétentions musicales et poétiques de la demoiselle , mais aussi parcequ'en examinant leur passeport entre les mains de la *Polizia* , j'avais découvert qu'il se nommait Raffard , rue Vaugirard , 62 , précisément voisin de mon ancien ex-professeur de violon, et je voulais utiliser ma découverte. Nous faisons donc au poëte un *regalo* de quelques *grani,* puis le tirant près de moi , « *sentile , signor Orfeo o Pindare, voi siete un bravissimo cantatore o improvvisatore* , et je dois vous dire qu'il y a là-haut de vrais artistes qui seraient , j'en suis sûr , bien flattés de vous entendre..... « *capisco ? capisco?* s'écria d'une voix glapissante notre homme en bondissant comme un possédé et arrachant de ses cordes de diaboliques accords.— Il fallut d'abord apaiser son feu divin , puis lui faire sa leçon : je composai une sorte d'imbroglio d'où il réslutait qu'Ophelia était une jeune princesse Russe qui voyageait *incognito* avec son gouverueur , M. Rifflard,demeurant rue Vaugirard, 62,que c'était un ancien marchand de peaux de lapin , profession très estimée en France , etc., et je lui recommandai de bien s'inspirer en leur racontant toutes ces particularités, ce qui ne pouvait manquer de les surprendre et de les rendre émerveillés de sa science : qu'alors la princesse était très généreuse et qu'il ne fallait lui demander que de l'or , mais surtout n'oubliez pas le nom de Rifflard ! — *Non dubitate signori* — il nous exprime sa reconnaissance en trépignant de joie et se fait conduire chez la famille *Cacao*. Je ne sais pas ce qu'il y fit , mais ce que je sais bien , c'est que le lendemain nos relations avec l'ex-débitant étaient devenues glaciales, tout en redoublant l'obséquiosité de nos politesses , et je les vis sans rien dire , dépecer un poulet..... que je reconnus , c'était celui qui nous avait été destiné la veille ; je compris alors leurs intrigues près du cuisinier et l'utilité pour eux de manger à part , afin de s'emparer facilement des débris du repas.

De Capoue à Naples il n'y a plus que seize milles, qu'on parcourt dans une plaine vaste et fertile , la Beauce du royaume des Deux-Siciles. A mi-chemin on traverse la bruyante Aversa, célèbre par son hos-pice d'aliénés et ses souvenirs historiques et littérai-res : c'est là que furent inventées les farces Atellanes, ainsi nommées de l'ancien nom d'Aversa.

Quelques heures après, sur le *largo castello*, nous prenions congé de la famille *Cacao*, au milieu du tumulte et des cris de la population napolitaine. Le Vésuve avait jeté des flammes, et promettait une éruption pour la nuit.

Les premières personnes que je rencontrai à la poste, furent Mme et Mlle Rifflard, qui se livrait enfin au plaisir de lire ses dix lettres.

Quant à notre jeune inconnu, si gai, si enthousiaste de Mme Pochet, je me réserve, de vous dire, dans un prochain article où nous le revîmes, qui il était, et ce que je pense de la profession à laquelle il appartenait. (1)

(1) C'était un jésuite.

AF243061

PROJET D'ORGANISATION

DU

PARTI DE L'ORDRE

SAINT-ÉTIENNE

IMPRIMERIE DE Vᵉ THÉOLIER ET Cⁱᵉ

Rue Gérentet, 12.

—

1871

DISPOSITIONS GÉNÉRALES

Art. 1er. — En présence des événements qui se sont manifestés en France, les citoyens honnêtes sont es convaincus qu'il était pour eux d'une nécessité absolue de s'unir. Il faut qu'ils résistent soit au despotisme qui voudrait s'imposer par les hommes de désordre, soit au despotisme qui voudrait s'imposer d'autre part à la faveur de la désagrégation des éléments si nombreux du parti de l'ordre. C'est pourquoi ils ont résolu de s'unir ensemble à l'effet d'exercer sur les affaires du pays l'influence qui doit légitimement leur appartenir.

Art. 2. — Cette union a pour but de s'entendre dans les choix à faire aux différentes élections qui peuvent se présenter et de faciliter la manifestation des opinions des hommes d'ordre dans les questions qui peuvent surgir. Elle a pour principe le respect des lois et la suppression de toute violence. Elle prétend n'employer d'autres moyens que ceux qui sont honnêtes et qui respectent la liberté de chacun.

Art. 3. — Le lien qui unit entre eux les membres composant cette *Union* est l'engagement d'honneur que prend chaque membre, d'agir conformément aux déci-

1871

sions prises par la majorité des membres dans les réunions qui vont être ci-après indiquées, conformément aux règles qui vont être formulées.

Art. 4. — En principe, chaque arrondissement se fait à lui-même son organisation en toute indépendance en s'inspirant des conditions spéciales dans lesquelles il se trouve. Toutefois cette organisation doit aboutir à la création d'un comité chargé de représenter l'arrondissement dans ses rapports avec les autres arrondissements.

La commission nommée à la dernière assemblée générale a élaboré le projet suivant d'organisation qu'il est désirable de voir fonctionner dans tout le département. Elle observe que l'organisation du comité d'arrondissement est une nécessité pour que l'entente puisse subsister entre les divers éléments du parti de l'ordre dans l'arrondissement de Saint-Etienne.

Art. 5. — Outre les adhérents à l'*Union*, l'association se compose :

1° D'un Comité cantonal ;
2° D'un Comité d'arrondissement ;
3° D'un Comité départemental.

Du Comité cantonal.

Art. 6. — Il sera créé dans chaque canton du département de la Loire, un Comité cantonal qui se composera d'un délégué par cent électeurs inscrits du canton.

Quel que soit le nombre d'électeurs inscrits d'une commune, même lorsqu'il serait inférieur à *cent*, elle aura toujours droit à un délégué dans le Comité cantonal.

Art. 7. — Les délégués composant ce Comité sont nommés par l'assemblée générale des adhérents à l'*Union* chaque année dans le courant du mois de mai.

Art. 8. — Les délégués composant le Comité cantonal nomment entre eux un bureau qui se compose au moins d'un président, d'un vice-président, d'un secrétaire et d'un trésorier.

Art. 9. — Les fonctions du Comité cantonal consistent :

1° A assurer la confection des listes de l'*Union* ;

2° A provoquer autant que possible dans les communes la formation de sous-Comités communaux ;

3° A servir d'intermédiaire entre le Comité de leur arrondissement, le Comité départemental et les membres de l'*Union*.

4° A provoquer les réunions générales des adhérents qui seront utiles pour le choix des élections cantonales ou dans l'intérêt de l'*Union* et pour le renouvellement des Comités.

5° A organiser la propagande électorale dans le canton.

Art. 10 — Pour assurer la confection des listes des adhérents à l'*Union*, le Comité cantonal tient un registre sur lequel sont appelés à figurer les noms et adresses de tous les adhérents.

Ce registre est provisoirement constitué en y inscrivant d'office le nom de toutes les personnes notoirement connues pour partager les sentiments de l'*Union*.

Avis est donné par le Comité à ces personnes de leur inscription sur le registre et du but que se propose l'*Union*. Le Comité les invite à venir prendre connaissance des *Statuts* et en même temps les prévient que si elles ne refusent pas expressément, elles seront considérées comme adhérentes à l'*Union*.

Les Comités doivent autant que possible chercher à obtenir des adhésions expresses.

Tout citoyen du canton peut toujours demander son inscription sur le registre qui reste constamment ouvert. Le comité statue sur la demande suivant les connaissances qu'il a des opinions du postulant sauf le contrôle du comité d'arrondissement ainsi qu'il sera dit ci-après.

Les Comités cantonaux doivent établir les listes et statuer sur les demandes d'admission dans le plus large esprit de conciliation, sans parti pris d'exclusivisme et de telle sorte que toutes les nuances du parti de l'ordre soient représentées.

Les listes doivent comprendre le plus de noms sérieux possibles.

Les Comités cantonaux devront, dans les trois mois qui suivront la confection des listes, les communiquer au président du Comité d'arrondissement. Ce Comité, ainsi qu'il sera dit plus loin, ayant le droit de contrôle, de radiation et de complément, toute modification aux listes devra dans le mois être communiquée au président du Comité d'arrondissement.

Art. 11. — Pour la constitution des Sous-Comités communaux, les Comités cantonaux devront agir suivant les localités et comme ils le jugeront convenable.

Art. 12. — Comme intermédiaires, les Comités cantonaux doivent transmettre toutes les lettres de convocation ou avis divers que les Comités de leur arrondissement ou de département leur adresseraient pour cette destination.

Art. 13. — Ils provoquent les réunions publiques des adhérents qui sont nécessaires pour les élections. Ils provoquent également des réunions publiques des adhérents qui sont nécessaires pour le renouvellement des Comités. Enfin ils provoquent les réunions des adhérents qu'ils jugent utiles dans l'intérêt de l'*Union*.

Art. 14. — Autant que possible les adhérents seront prévenus au moins huit jours à l'avance de la réunion et autant que possible elle aura lieu un dimanche.

Art. 15. — Les Comités cantonaux organisent la propagande électorale dans les cantons, dans l'intérêt des candidats patronnés par l'*Union* pour les diverses

élections, telles que la pose des affiches, la distribution des bulletins ou écrits à domicile ou aux portes
des bureaux, en un mot tous les moyens de propagande.

Art. 16. — Lorsqu'il s'agit de faire choix d'un
candidat pour une élection cantonale, le Comité cantonal convoque les adhérents à l'*Union*, leur propose
les noms qu'il croit convenables, et ceux-ci décident
au scrutin quel sera le candidat patronné par l'*Union*.

Art. 17. — Tous les ans au mois de mai, l'assemblée générale des adhérents est convoquée, et les Comités cantonaux sont réélus. Aussitôt nommés, les Comités de canton se réunissent et nomment les délégués
qui doivent composer le comité d'arrondissement. Ils
procèdent à cet égard ainsi qu'il suit : si le canton se
compose de moins de six mille électeurs inscrits, ils
nomment douze délégués destinés à former la représen-
tation du canton dans le Comité d'arrondissement. Si
le canton se compose de plus de six mille électeurs inscrits, ils nomment un délégué pour cinq cent électeurs.

Art. 18. — L'assemblée générale des adhérents du
canton ne peut-être réunie que sur la convocation du
bureau du Comité. Le Comité cantonal peut choisir
dans son sein une commission administrative à l'effet
de le suppléer.

Art. 19. — Le Comité cantonal s'occupe en outre
de provoquer les souscriptions ainsi qu'il sera dit ci-
après.

Art. 20. — Lorsque une même commune est divisée en plusieurs cantons, elle peut, si les délégués le jugent convenable, ne former qu'un seul Comité qui reste chargé de tous les intérêts cantonaux ou communaux de cette commune.

Du Comité d'arrondissement.

Art. 21. — Il sera constitué dans chaque arrondissement du département de la Loire, un Comité qui se composera de tous les délégués nommés à cet effet dans les assemblées générales de cantons, ainsi qu'il a été dit à l'article 16.

Art. 22. — Les délégués nomment entre eux un bureau qui se compose d'un président, de deux vice-présidents, de trois secrétaires et d'un trésorier.

Art. 23. — Les décisions du Comité d'arrondissement sont prises à la majorité des voix, et comme les réunions de ce Comité ont lieu en général au chef-lieu d'arrondissement, pour que les cantons puissent avoir, dans les décisions, l'influence qui leur appartient, chaque délégué d'un canton, même ceux du chef-lieu, peut être porteur de la procuration d'un autre délégué du même canton. Dans ce cas il peut déposer deux bulletins dans l'urne.

Art. 24. — Le Comité d'arrondissement ne pourra être convoqué que par son président, ou l'un de ses vice-présidents ; néanmoins si deux Comités cantonaux s'entendent pour demander la convocation du Comité d'arrondissement, le bureau de ce Comité devra faire la convocation.

Art. 25. — Le Comité d'arrondissement a pour fonctions ;

1° D'assurer la confection régulière et le développement des listes de l'*Union* ;

2° De préparer les élections aux assemblées législatives ;

3° D'organiser la propagande électorale de concert avec les Comités cantonaux ;

4° De provoquer lorsqu'ils le jugerout convenable, soit des réunions générales cantonales des adhérents à l'*Union*, soit même des réunions générales d'arrondissement. Ces dernières ne peuvent avoir lieu en matière d'élection.

Art. 26. — Pour assurer la confection régulière des listes et leur développement, les Comités d'arrondissement veilleront à ce que les listes leur soient envoyées par les Comités cantonaux trois mois après leur confection, ainsi qu'il est dit à l'article 9. Aussitôt ces listes reçues, ils les vérifieront avec le plus grand soin et chercheront à obtenir autant que possible des adhésions formelles de ceux qui y figureront, s'assurant si des noms n'ont pas été oubliés ou portés à tort sur les listes. Lorsqu'il jugera convenable d'apporter une modification à la liste d'un canton, le Comité d'arrondis-

sement, après avoir pris l'avis du Comité cantonal dont
la liste lui paraît devoir être modifiée, arrêtera la com-
position de la liste. Le Comité d'arrondissement agi-
ront de même lorsque des modifications auront été
apportées aux listes par le Comité cantonal conformément au dernier paragraphe de l'article 20.

Art. 27. — Pour préparer les élections aux assemblées législatives, les Comités d'arrondissements arrê-
tent le choix des candidats qui lui paraissent devoir
être présentés à l'agrément des électeurs. A cet effet, il
procèdera de la manière suivante :

Aussitôt que le décret de convocation des électeurs
paraîtra, le bureau du Comité d'arrondissement convoque tous les délégués cantonaux qui composent ce Comité en les prévenant du but de la réunion et en les
invitant à se munir des procurations autorisées par
l'article 22.

Autant que possible, ils laisseront un délai de huit
jours entre la convocation et le jour fixé pour la réunion.

Le Comité, une fois réuni, l'un des membres du
bureau expose le but de la réunion. Le Comité prend
telles mesures d'instruction qu'il juge convenables
pour éclairer sa religion sur la valeur et la portée des
candidats qui lui sont proposés ; et suivant que cela lui
paraît opportun, il décide à la majorité des voix, conformément à ce qui a été dit à l'article 22, des candi-

da's qui seront patronnés par l'*Union*, ou bien il s'ajourne au moment où les mesures d'instruction ordonnées par lui auront été exécutées, et alors il décide du choix conformément à ce qui vient d'être dit.

Art. 28. — Le Comité d'arrondissement organise la propagande électorale pour les élections aux assemblées législatives par tous les moyens légaux qui lui semblent propres à atteindre ce but.

Art. 29. — Lorsque le Comité d'arrondissement est convoqué, il se réunit en général au chef-lieu de l'arrondissement. Néanmoins son bureau peut décider, dans des circonstances particulières, que la réunion aura lieu dans tel endroit qu'il désignera, en dehors de la question d'élections.

Du Comité départemental.

Art. 30. — Il sera créé, dans lo département de la Loire, un Comité départemental qui se composera des bureaux réunis des trois Comités d'arrondissements.

Ce Comité a pour fonctions :

1° De répartir entre les arrondissements le nombre des députés à élire fixés par le décret qui convoque les électeurs ;

2° D'arrêter la liste définitive qui doit être présentée au choix des électeurs ;

3° De vider les conflits qui pourraient s'élever entre les arrondissements.

Pour répartir entre les arrondissements le nombre des députés à élire, le Comité départemental procèdera, avant tout, conformément à la base légale adoptée par la loi en vigueur. Cette opération faite, il la communique de suite aux bureaux de chaque Comite d'arrondissement.

Pour arrêter définitivement la liste qui sera proposée à l'adoption des électeurs, le Comité départemental réunit les choix faits par les divers Comités d'arrondissement, et il communique à chaque bureau d'arrondissement les choix faits par les deux autres. La délibération s'établit alors séparément dans chaque bureau.

Chaque bureau d'arrondissement a droit à une voix, et si l'un des noms n'obtient qu'une voix sur trois, un nouveau tour de scrutin aura lieu dans le Comité d'arrondissement auquel appartient le nom refusé, et s'il persiste le nom est maintenu sur la liste.

Autant que possible, le Comité départemental devra faire tous ses efforts pour éviter qu'un conflit de cette nature se produise.

A cet effet les bureaux d'arrondissement se concertent entre eux à l'avance et avisent à tous les moyens d'éviter le conflit.

Des moyens pécuniaires.

Art. 31. — Chaque Comité cantonal ouvrira dans son canton un registre de souscription pour les besoins de l'*Union* et de la propagande électorale qui sera présenté chaque année à tous les adhérents à l'U-*nion*. Les souscriptions ainsi recueillies seront réparties entre le Comité cantonal, le Comité d'arrondissement et le Comité départemental.

Art. 32. — Cette répartition sera faite par les Comités d'arrondissement.

Dispositions transitoires.

Art. 33. — Des délégués de la commission seront envoyés dans chaque canton pour provoquer la formation d'un comité cantonal provisoire. Ces comités seront chargés provisoirement de remplir dans chaque canton le rôle du Comité cantonal. Ils devront, dans le plus bref délai possible, arrêter les listes provisoires des adhérents et provoquer une réunion générale des adhérents du canton, pour procéder à la nomination des Comités cantonaux et à celle des délégués devant former les Comités d'arrondissement.